ZAUBER FRISCH

· Profitipps für Ihren Haushalt ·

ORDNEN UND AUFBEWAHREN

Ratschläge und Tipps, wie man Zimmer für Zimmer aufräumt

Isabelle Louet

· Profitipps für Ihren Haushalt ·

ORDNEN UND AUFBEWAHREN

Ratschläge und Tipps, wie man Zimmer für Zimmer aufräumt

Isabelle Louet

INHALTSVERZEICHNIS

ZUHAUSE AUFRÄUMEN, ORDNEN, AUFBEWAHREN …

… DEN RAUM OPTIMAL NUTZEN UND DEN KOPF FREI BEKOMMEN

Bücherstapel, massenhaft Dekoobjekte, ein hoffnungslos überladener Wohnzimmertisch, überquellende Schränke … Sie wissen nicht mehr, wo Sie Ihre Dinge unterbringen sollen? Nun ist es Zeit, zur Tat zu schreiten, denn das Gefühl überladen zu sein, ist schlecht für den Geist. Im Feng Shui ist dies sogar wider der Natur, denn eines der Grundprinzipien dieser uralten Kunst liegt darin, alles zu tun, damit das Chi, der positive Energiefluss, die Räume ungehindert durchziehen kann, ohne irgendwo anzustoßen. Freie Räume schaffen hat also oberste Priorität.

Alles eine Frage der Taktik

Aufräumen sieht man oft als lästige Pflicht an, in Wirklichkeit ist es aber ein hervorragendes Mittel gegen Stress. Es hebt sogar die Stimmung. Je mehr man entsorgt, von je mehr Dingen sowie unnützem Papierkram man sich trennt, je mehr Freiraum man schafft, desto mehr nimmt man sich selbst wieder wahr und bekommt einen klaren Kopf. Doch damit diese Aktion etwas bringt, sollte man nicht gleichzeitig in allen Räumen beginnen, sondern nach Plan vorgehen.

Es lebe die Unordnung

Aufräumen bedeutet Aufwand, denn damit es gelingt, muss man sich dazu entschließen, überall für Unordnung zu sorgen. Man muss sich darauf einlassen, vom Kleiderberg auf dem Bett und den verstreut auf dem Boden herumliegenden Papieren kurzfristig überrollt zu werden. Man muss damit einverstanden sein, je nach Bandbreite der Arbeit ein Wochenende lang in einem Haus zu leben, in dem ein großes Durcheinander herrscht. Doch man muss loslassen, um alles neu zu gestalten. Und wenn alles fertig ist, wenn das letzte Paar Schuhe und das letzte T-Shirt aus unserem Blickfeld verschwinden, ist dies Freude pur! Jedes Ding hat seinen Platz gefunden. Das durch das „Zuviel" entstandene Gefühl des Erstickens ist verschwunden. Man fühlt sich leicht, stolz und vor allem entspannt!

Eine Frage des gesunden Menschenverstands

Aufräumen ist etwas sehr Persönliches, denn nicht jeder funktioniert nach derselben Logik. Linkshänder räumen Dinge auf die linke Seite, die Rechtshänder automatisch nach rechts räumen würden. Einige lieben es, Dinge in Schubladen zu verstauen, andere bevorzugen Regale... Das spielt jedoch keine Rolle, denn vorrangig ist es, ein durchgängiges System zu haben, in dem Sie sich wiederfinden. Daher haben wir in diesem Büchlein Wert auf Tipps zum Ausräumen, Sortieren und Aufbewahren gelegt. In dem Teil über das Aufräumen war es uns wichtiger Tipps zu geben, wie Sie Platz gewinnen und optimieren können, als zu erklären, wie man einen Schrank oder eine Kommode einräumt.

Die Stunde des großen
Aufräumens hat geschlagen?
Um einem Nervenzusammenbruch
vorzubeugen, sollten Sie einen
Schlachtplan erstellen.

1

LEITFADEN FÜR ERFOLGREICHES AUFRÄUMEN

ERSTES AUFRÄUMEN IM EIGENEN KOPF

Bevor man alles aus den Schränken holt, sollte man zuerst den Kopf frei kriegen, so die Regel Nummer eins und das Erfolgsgeheimnis.

Die Stauräume optimieren

Einen Platz für Dinge zu finden, die herumliegen ist keine gute Vorgehensweise. Effizientes Aufräumen besteht vor allem im Ordnung schaffen, um den Raum zu optimieren. Man muss sich also darauf einlassen, sich von manchen Dingen zu trennen ... wie von der Jeans, die Sie mit 18 getragen haben. Natürlich sind Sie stolz, dass sich deren Knopf immer noch schließen lässt, doch ziehen Sie sie niemals an, weil ihre Form aus der Mode gekommen ist. Wieso sie also behalten? Genauso sollte man sich fragen, wieso man Werkzeug in doppelter oder dreifacher Ausfertigung aufbewahren sollte, Decken für 15 Betten stapeln muss, obwohl man nur drei hat und man ausschließlich Federbetten benützt. Zur Optimierung der Stauräume entsorgt man alles Unnütze oder das, was unnütz geworden ist.

Ordnung und Kohärenz

Bevor Sie beginnen, sollten Sie die Dauer der Arbeit abschätzen: Eine kleine Runde durchs Haus ist unerlässlich. Öffnen Sie Schränke, Kommoden sowie Kästen und Truhen, sehen Sie unterm Bett nach, werfen Sie einen Blick auf Regale, um abzuschätzen, wie vollgestopft oder unordentlich sie sind. Legen Sie je nach Prioritäten eine Reihenfolge fest. Falls Sie beschließen, einen großen Frühjahrsputz zu starten, dann reicht ein Tag nicht aus. Beginnen Sie also mit dem Raum, der Sie am meisten stört. Kohärenz ist angesagt. Man sollte gleichzeitig die Räume aufräumen, die sich in ihren Inhalten ergänzen. Wenn man aufräumt, nimmt man etwas weg, löst sich los, schmeißt etwas weg, aber man räumt auch von einem Ort zum anderen. Der Bettbezug für den Winter hat große Chancen, von Ihrem Schlafzimmerschrank in den Schrank im Flur umzuziehen. Verbinden Sie Inhalte und nicht die Behältnisse miteinander. Im Klartext heißt das, die Schlafzimmer mit den Dielenschränken oder den Schränken im Flur (also alles was Kleidung und Haushaltswäsche betrifft), die Küche mit den

Kommoden oder Büffets im Esszimmer (also alles, was Geschirr oder Küchengerätschaften enthält), dann die Büros mit den Schreibtischen, Regalen und Schränken (also alles, was Verwaltungspapiere enthält) und schließlich WC und Badezimmer. Die Kinderzimmer werden unabhängig davon aufgeräumt, denn was die Unordnung angeht, sind sie meistens ein Kapitel für sich. Keller, Speicher und Garagen sollten Sie ebenfalls getrennt durchforsten. In Erinnerungen eintauchen erfordert Tage wenn nicht gar Monate!

Eine Frage der Zeit

Sind Sie bereit, Berge zu versetzen? Sehen Sie Ihre Dinge durch und seien Sie rea-

listisch bezüglich Ihrer Kapazitäten: Es reicht, einen Hügel bezwingen zu wollen. Will man mehr erreichen, kann dies sehr schnell zum Misserfolg führen. Großreinemachen ist ein Mittelstreckenlauf, man sollte sich an die Strecke halten. Es gibt nichts Schlimmeres, als am Ende des Nachmittags inmitten eines heillosen Durcheinanders zu sitzen und am Abend alles blitzeplank haben zu wollen. Diese Aktion erfordert Ruhe und Gelassenheit. Es ist nicht einfach, alle Schränke zu leeren, wenn sich auch noch Stress dazugesellt ... Wenn Sie diese Aufgabe erfolgreich zu Ende führen möchten, lassen Sie sich Zeit. Nehmen Sie einen Tag frei, nutzen Sie die Ferien, einen Ruhetag. Ruhe ist eines der Erfolgsgeheimnisse.

Alleine aufräumen

Wollen Sie die entspannende Wirkung des Großreinemachens erfahren, dann richten Sie es so ein, dass Sie Ihre Ruhe haben ... kein Ehemann und keine Kinder. Ist Ihre Familie in Ihrer Nähe, werden Sie Ihren Ehemann nörgeln hören, dass hier alles rumliegt und Sie riskieren, dass er das wegräumt, was Sie durchsortieren wollten. Oder Ihre Kinder schreien, dass sie dieses T-Shirt oder diese alte Jeans behalten wollen. Stöpseln Sie auch das Telefon aus. Das Großreinemachen ist auch eine Art, Ihren Kopf frei zu bekommen.

Alles Notwendige vorbereiten

• Kann es losgehen? Noch nicht ganz. Um nicht unnötig Zeit und Energie zu vergeuden, nutzen Sie diese Aufräumaktion, um die Schränke zu putzen. Zusätzlich zum Frischeeffekt beugen Sie potentiellem Mottenbefall, Mehlmotten, Ameisen und sonstigen Insekten vor. Um ein bestmögliches Ergebnis zu erzielen, legen Sie gutes Werkzeug bereit:

- Saubere, glatte Lappen oder Mikrofasertücher
- Einen Bauschwamm für große Flächen
- Gemsleder (findet man nicht mehr so oft, sollte man aber in Bastelgeschäften erhalten)

- Ein Abzieher für die Glasscheiben
- Und natürlich einen Besen, einen Eimer oder eine Wanne, eine Schaufel, einen Staubsauger und Handschuhe.

Gute Laune ist angesagt

Wenn auch effizientes Aufräumen am Ende für ein Gefühl des Wohlbefindens sorgt, so ist das mittendrin nicht immer so rosig. Daher sollte man den Großputz eher angehen, wenn man gut gelaunt ist.

Regelmäßigkeit ist wichtig

Es steht außer Frage, das Haus mehr als zwei Mal pro Jahr in ein Schlachtfeld zu verwandeln und dabei die ganze Motivation einzubüßen. Bleiben Sie den Rest des Jahres aufmerksam und passen Sie auf, dass sich nicht alles ansammelt. Planen Sie einmal monatlich, spätestens alle zwei Monate einen halben Tag ein, um zu sortieren und wegzuwerfen sowie Ihre Dinge und Ihre Papiere zu ordnen.

DIE KUNST DES AUFRÄUMENS

Gelungene Aufbewahrungsmöglichkeiten verlangen nach Logik und Überlegung, will man ein dauerhaftes Ergebnis erzielen.

Die Energie visualisieren

Für eine erfolgreiche Entrümpelung Ihrer Zimmer testen Sie die Feng Shui-Technik. Stellen Sie sich an die Türschwelle des Raumes, der aufgeräumt werden soll und stellen Sie sich vor, Sie sind Chi, dieser berühmte positive Energiefluss, der frei und ohne Unterbrechung von der Tür zu den Fenstern fließen soll. Hören Sie in sich hinein und erkennen Sie die Hindernisse auf Ihrem Weg, wie ungünstig gestellte Möbelstücke oder Dinge, die herumliegen.

Den Besentest durchführen

Idealerweise sollte außer den Möbeln nichts auf dem Boden stehen, wenn das Chi gut fließen soll. Sie müssen also mit Ihrem Besen oder Ihrem Staubsauger ungehindert unter Ihren Möbeln durchkommen, und ohne dass Sie etwas verschieben müssen.

Ihre Wahrnehmung des Raumes verändern

Dieser Tipp ist unter Künstlern bestens bekannt. Sehen Sie sich nicht die im Raum verteilen Dinge und Möbel an, sondern konzentrieren Sie sich auf den Raum selbst sowie auf den Leerraum zwischen jedem Ding. Über kurz oder lang ändert sich Ihre Wahrnehmung, Leere und Fülle werden Ihnen bewusst sowie die erforderliche Ausgeglichenheit zwischen den beiden ... und Sie sehen, was weggeräumt werden muss, damit man im Raum wieder atmen kann.

Die Methode mit den „4 Säcken"

Sehen Sie zum effizienten Sortieren und Aufwräumen große Einkaufstüten vor. Eine für das, was weggeworfen wird, Säcke für das, was Sie verschenken, einen für den Flohmarkt oder für das Schrank ausmisten und einen für „Dinge, die man noch behält" Nehmen Sie einen extragroßen Sack: Humanitäre Einrichtungen nehmen immer gerne Kleidung in gutem Zustand.

Eine Erinnerungskiste erstellen

Um all die Dinge aufzubewahren, von denen Sie sich nicht trennen möchten, nehmen Sie eine hübsche Kiste, in der Sie alle Ihre Geheimnisse verstauen.

Zu vermeidender Fehler

Das Prinzip lautet leeren und nicht hinzufügen, also denken Sie nicht, es die Lösung sei, zusätzliche Möbel zu kaufen, um das „Zuviel" aus Ihrem Blickfeld verschwinden zu lassen. Es geht darum, den Raum luftiger zu machen und zum Wesentlichen zurückzukehren. Man muss mit dem leben, was man hat. Einzige Ausnahme, wenn sich die Gelegenheit ergibt: Aufbewahrungsboxen, Schubladentrenner oder aber Hüllen für luftdichtes Aufbewahren.

Den Grundsatz des idealen Aufbewahrens übernehmen

„Wenn ich mir etwas kaufe, muss etwas anderes gehen". Machen Sie diesen Grundsatz zu Ihrer Verhaltensregel, sie ist sehr weise, will man sich nicht überwuchern lassen. Und bevor Sie wegen eines neuen Buches, eines hübschen Kissens oder dem x-ten Kaffeeservice schwach werden, überlegen Sie sich, was ersetzt werden soll.

Aktion! Ärmel hochkrempeln und los geht's! In aller Ruhe und ganz nach dem Grundsatz „ausräumen, sortieren, einräumen, aufbewahren, archivieren, verschenken und wegwerfen", kämmt man Raum für Raum durch.

2

DIE GROSSEN BAUSTELLEN

DIELE

Die Visitenkarte

Hier lauern viele Gefahren, denn es ist das erste Bild, das die Besucher vom Innenraum erhalten. Und es ist bekannt, dass man diesen ersten Eindruck im Kopf behält. Daher sollte man sie ordentlich gestalten.

Sortieren

„Diele“ nicht mit „Garderobe“ verwechseln

Lassen Sie in der Diele alles, was von draußen kommt, wie einen Schirm, ein Paar Schuhe, einen Mantel, aber nicht mehr. Man hortet dort nicht sämtliche Schuhe der ganzen Familie, man überhäuft nicht den Kleiderständer, sodass sich die Tür nicht mehr öffnen lässt. Nichts soll herumliegen oder sich auf Möbeln stapeln.

Aufräumen

Kleider und Schuhe

- **Gewöhnen Sie sich an,** nur ein Kleidungsstück pro Person in der Diele zu lassen, das, was man für den Tag benötigt.
- **Schuhe sind das ewige Problem**. Sollten Sie kein extra dafür vorgesehenes Möbelstück aufstellen können, dann befestigen Sie einfach oberhalb der Sockelleiste ein Schuhregal aus Holz oder Metall mit maximal 10 Aufsätzen. Jeder kann dort das Paar abstellen, das er gerade braucht.

- **Sie wissen nicht,** wohin mit Ihren Ballerinas? Dann nehmen Sie ein PVC-Rohr mit einem Durchmesser von 15 bis 20 cm. Außerdem benötigen Sie zwei Bänder (ca. 4 cm

Freie, unverstellte Sicht

In der Diele darf nichts die Sicht trüben: Kein hohes Möbelstück im Stil eines normannischen Schranks, insbesondere dann, wenn der Gang eng ist – die Sicht darf nicht eingeschränkt sein. Konsolen oder eine schmale Kommode sind perfekt. Vorsicht bei vorstehenden Ecken, achten Sie eher auf abgerundete, weniger aggressive Formen.

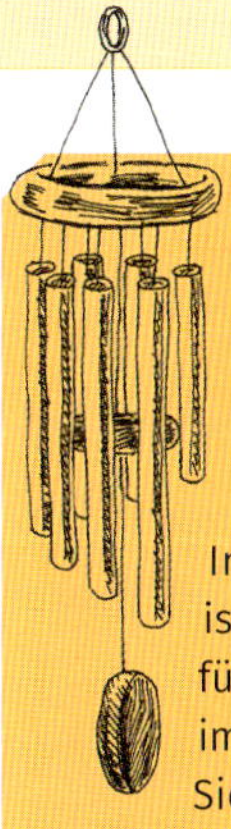

TIPP

Das kleine Feng Shui-ABC

Im traditionellen Feng Shui ist das Windspiel bekannt dafür, durch seinen Klang Energie im Haus „zu verteilen". Hängen Sie Windspiele an die Vorder- und Hintertüren im Haus, damit eine angenehme Melodie erklingt, wenn sie angeschlagen werden. Beruhigende Klänge in der Umgebung sind eine Art, für Harmonie und Wohlbefinden zu sorgen.

breit). Schneiden Sie das Rohr in drei Teile mit jeweils 30 cm Länge. Schleifen Sie die Ränder ab und bestreichen Sie diese mit PVC-Farbe. Binden Sie die Rohre mit den beiden Bändern fest. Diese beiden Bänder halten die drei Rohre zusammen und ermöglichen das Aufhängen des Ganzen. Damit alles gerade hängt, befestigen Sie jedes Band an einem Ende des Rohrs (ungefähr 5 cm vom Rand), indem Sie es umwickeln und einen sehr festen Knoten ziehen. Befestigen Sie die anderen Rohre genauso. Ziehen Sie die Rohre untereinander gut fest, damit alles versteift wird. Nun können Sie das Ganze an der Wand oder an einer Tür befestigen und Ihre Ballerinas hineinstecken. Alles völlig unbemerkt und unsichtbar.

Schlüssel und Post

Sie hassen Schlüsselbretter? Dann legen Sie sie in eine kleine Schale, die Sie auf der Konsole abstellen.

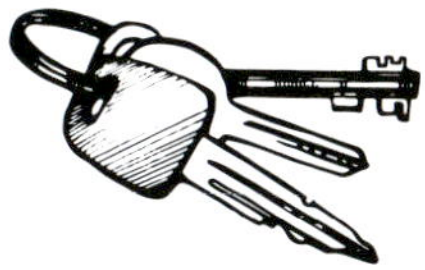

Haben Sie die Angewohnheit, alles auf der Konsole im Eingangsbereich abzulegen? Dort Post und Prospekte zu stapeln? Ideal wäre eine Konsole mit einer Schublade, in der nur das hineingelegt wird, was sortiert werden muss. Zwingen Sie sich dazu, mindestens einmal pro Woche auszusortieren.

WOHNZIMMER UND ESSZIMMER

Der Lebensbereich

Heimkino, Computer, Spielekonsolen, Esstisch, Leseecke, Sitzecke und manchmal obendrein noch Büroecke … Manche Räume werden selbst schon zu richtigen Wohnungen. Für bestimmte Bereiche bedarf es einiger Tipps, will man nicht das Gefühl haben, ersticken zu müssen. Die Lösung? Alles Überflüssige auf ein Minimum reduzieren.

Aussortieren

Dekoration in Maßen

- **Kerzen sind ganz nett.** Sie schaffen eine ruhige, behagliche Atmosphäre, aber nur, wenn sie nicht überall herumstehen … Eine, höchstens zwei genügen. Zusätzlich zu dem Platz, den sie benötigen würden, ist ihr Duft nicht immer gut für die Gesundheit, daher sollte man es nicht übertreiben.
- **Pflanzen sind gut, aber ja nicht zu viele.** Anstatt sie aufs Geratewohl aufzustellen, kann man sie als Raumteiler verwenden.
- **Weniger Bilder sind mehr.** Ihr Haus oder Ihre Wohnung ist keine Kunstgalerie. Ein großes Bild an der breitesten Wand, vier schön aufgereihte Fotos oder Zeichnungen an einer anderen sind völlig ausreichend, um Ihre Wände aufzuwerten.

- **Vorsicht auch mit Nippes.** Jeder Raum muss sich selbst genügen. Mit einer guten Einteilung zieht er den Blick auf sich. Dekoriert man mit zu viel Krimskrams und alles nebeneinander, so erschlägt das mit Sicherheit jeden, der sich im Raum aufhält, außerdem fällt die Schönheit der einzelnen Dinge nicht auf, weil niemand sie bemerken wird.
- **Kissen gezielt platzieren.** Sie sind weich und man nimmt sie gerne zum Kuscheln, doch rechnen Sie eines pro Person, das ist ausreichend, sonst besteht die Gefahr, dass sie ein Gefühl von Durcheinander vermitteln.
- **Raus mit getrockneten Blumensträußen,** die im Raum verteilt sind. Ein einziger frischer Blumenstrauß sorgt für einen angenehmen Duft im Haus.

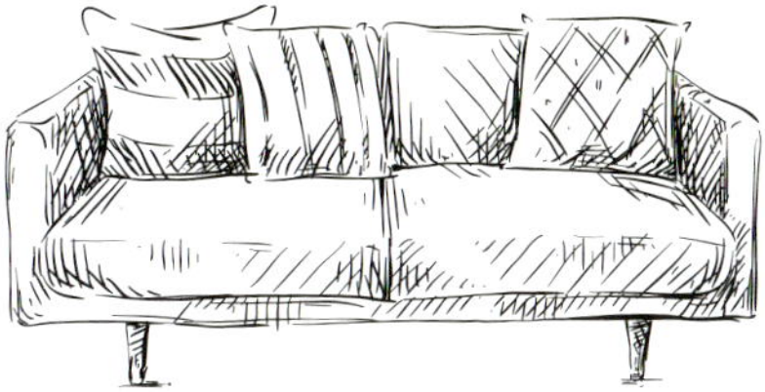

Aufräumen

Die Kunst des Umstellens

Wahlloses Verteilen von Möbeln hinterlässt den Eindruck von Unordnung, daher schafft man entsprechende Räume, durch das Umstellen der Möbel. Im Wohnzimmerbereich stehen das Sofa, ein Sessel und ein Couchtisch. Im Essbereich befinden sich der Tisch und die entsprechend angeordneten Stühle. In diesen Bereich hat jedes Ding seine Daseinsberechtigung. Eines scheint zu stören? Dann räumen Sie es weg.

Sich für Platzwgewinn entscheiden

Die Quadratmeter sind kostbar? Um mehr davon zu haben, sollten Sie auf klappbare, stapelbare und modulierbare Möbel setzen. Wieso nicht ein Beistelltischchen anstatt eines großen Couchtisches nehmen? Eines, zwei oder drei, die man je nach Bedarf verteilt. Sie haben eine annehmbare Größe und können für die Spielkonsole auch neben das Sofa gestellt werden. Sie haben eine offene Küche? Dann nehmen Sie Tische, deren

Hätten Sie es gewusst ?

Werfen Sie getrocknete Blumen weg! Im Feng Shui stehen sie für das, was nicht mehr ist, was tot ist … Entsorgen Sie auch kranke Pflanzen oder solche, die nicht wachsen, sie sorgen für negative Energie.

TIPP

Beseitigen Sie unangenehme Gerüche aus Textilien

Oft bleiben an Textilien unangenehme Gerüche haften. Um sie zu beseitigen, bestäuben Sie Vorhänge, Kissen, Sofa und Teppich mit Natron. Über die Nacht einwirken lassen und dann aussaugen.

Auszüge sich je nach Anzahl der Personen ausklappen lassen. Das Gleiche gilt für die Stühle: Einer pro Familienmitglied genügt. Alle weiteren sollten Klappstühle sein, die in einem Schrank aufbewahrt werden können. Ideal für kleine Räume: Stappelhocker. Ein Material, auf das man setzen sollte: Plexiglas, dessen Transparenz das Volumen in den Hintergrund stellt. Durch den so gewonnenen Platz können Sie eine kleine Konsole oder ein Regal aufstellen, ohne dass Ihr Raum kleiner wird.

BÜRO

Das Königreich der Ordnung

Egal, ob ein Zimmer oder nur ein Schreibtisch, das Büro ist das neuralgische Zentrum des Hauses. Hier befindet sich alles, was unser tägliches Leben angeht – von Rechnungen bis zu Arztrezepten. Daher muss es besonders wohl geordnet sein.

Aufräumen

Ein Büro mit Platzgewinn

Vermittelt Ihr Schreibtisch, der im Wohnzimmer oder in Ihrem Schlafzimmer steht, den Eindruck eines Durcheinanders mit all den Papieren, die darauf herumliegen? Ersetzen Sie ihn durch einen „Platzsparer“ von der Art eines Computerschreibtisches oder eines Schreibtisches mit Klappe zum Schließen. So können Sie den gewonnen Platz

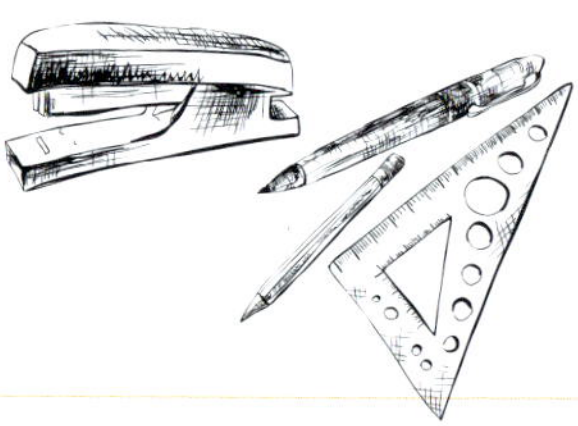

Büro nach Maß

TIPP

Haben Sie das Glück, dass in der Diele ein großer Schrank steht? Wieso diesen nicht als Büro nutzen? Dazu müssen Sie nur ein mit zwei Schubladenleisten versehenes Brett anbringen und schon haben Sie eine Arbeitsplatte. Stellen Sie eine nette kleine Lampe dazu – das ist alles!

nutzen, um ein Möbelstück mit Schubladen aufzustellen, in dem Ihre ganzen Dinge verschwinden. Es liegt dann an Ihnen, Disziplin zu zeigen und Ihre Papiere in der entsprechenden Schublade abzulegen: Die erste für

Stifte, Schlüssel usw. die zweite für aktuelle Papiere, die dritte für Unterlagen, die immer griffbereit sein sollten.

KÜCHE

Die Küche ins Reine bringen

Hier erledigen die Kinder Hausaufgaben, es wird arbeitet, man empfängt Freunde ... Sie ist das Zentrum des Hauses, daher sollte sie einladend wirken.

Aufräumen

Ist es notwendig, drei Porzellanservice zu haben? Eine alte Suppenschüssel? Ja klar, die haben Sie von Großtante Ursula geerbt, doch haben Sie sie auch nur ein einziges Mal benützt? Seien Sie pragmatisch und befreien Sie sich!

Hätten Sie es gewusst?

Im Feng Shui ist alles verhasst, was angeschlagen ist, es beeinträchtigt die Vitalität! Für eine chinesische Mutter ist eine Tasse mit Sprung einer der Hauptgründe für Geldverlust, schlechte Geschäfte und das Risiko betrogen zu werden. Nun wissen Sie, was zu tun ist!

Vorsicht vor Lebensmittelmotten

TIPP

Diese Tiere sind gefräßig und durchlöchern sogar verschlossene Plastiktüten. Ihre Lieblingsspeisen? Mehl, Reis, Nudeln, Hafer, Quinoa, Amaranth, aber auch Zucker, Schokolade, Trockenobst. Wenn Sie dies verhindern möchten, achten Sie darauf, diese Lebensmittel nicht zu lange zu lagern und in luftdichten Behältern aufzubewahren. Damit Motten sich nicht verbreiten, reinigen Sie Ihre Schränke mit einem Schwamm und einer Mischung aus drei Teilen Zitronensaft, ¼ l Wasser und zwei Tropfen ätherischem Eukalyptusöl. Und legen Sie zwischen Ihren trockenen Lebensmitteln Knoblauchzehen und Lorbeerblätter aus.

Schränke ausmisten

- **Schluss mit dem Sammelsurium.** Gesprungene Teller, angeschlagene Schüsseln … alles wegwerfen. Keine Gnade mit der gesprungenen Großmuttertasse, Verfahren Sie ebenso mit gesprungenen Gläsern und Gläsern mit Spülmaschinenrändern. Und trennen Sie sich endlich von der geklebten Platte.
- **Weg mit unvollständigen Gedecken.** Wieso den Unterteller dieser Teetasse behalten? Sie wird nicht benützt.

- **Krieg der Platten.** Fünf Kuchenplatten, fünf Kuchenformen, quadratische Platten, rechteckige Platten und noch weitere Formen. Ist dies wirklich notwendig? Wenn man es sich genauer ansieht, wird einem klar, dass man doch immer dieselben benützt.
- **Keine Stapel mehr.** Nichts ist schlimmer als Stapel mit einem Ungleichgewicht. Der Trend geht zwar zu Gegensätzlichem, aber nur was die Motive angeht. Setzen Sie bei den Formen auf Harmonie, das erleichtert das Aufräumen.
- **Töpfe und Pfannen.** Eine in jeder Größe, das ist genug. Denn Ihr Kochfeld hat nur maximal vier Kochstellen, wieso also alles sammeln? Zum Aufbewahren von Resten? Nehmen Sie hierfür lieber kleine, luftdichte Plastikbehälter. Ihr Kühlschrank wird es Ihnen danken.

• **Denken Sie auch an das Besteck und sonstige Küchenutensilien.** Wozu braucht man zwei Austernmesser, drei Sparschäler, zwei Teigroller? Arbeiten Sie sich bis in die

Tiefen Ihrer Schränke vor. Dosenöffner und Korkenzieher in vierfacher Ausfertigung, Essstäbchen, die kein Gegenstück mehr haben, Korken, usw. Alles raus!

Wenn Sie mit dem Geschirr fertig sind, geht's weiter zu den Elektrogeräten

Toaster, Mixer usw. nutzt man gerne unter der Bedingung, dass sie in Griffnähe auf der Arbeitsplatte stehen. Wenn dies kompliziert wird, überlässt man sie ihrem traurigen

Schicksal ganz hinten im Schrank. Wie dieser Smoothie-Maker. Sicher, er macht herrliche Fruchtsäfte, aber Sie machen sie nie. Und er wurde seit drei Jahren nicht bewegt. Bevor Sie solche Geräte also lagern, verkaufen Sie sie lieber.

Ein Umweg über die Lebensmittelvorräte

Ist es wirklich notwendig, Ihre Schränke bis zum Rand zu füllen? Außer Sie leben auf einer einsamen Insel! Ansonsten besteht keine Notwendigkeit, Vorräte für drei Jahre zu horten. Sehen Sie regelmäßig Ihre Vorräte durch. Diese Dose Linsen steht seit einem Jahr hier herum? Unnötig, sie zu behalten, also werfen Sie sie weg. Behalten Sie ausschließlich die Produkte, die Sie regelmäßig verwenden.

Den Kühlschrank nicht vergessen

Überprüfen Sie die Haltbarkeit der Lebensmittel ... Reinigen Sie den Kühlschrank und füllen Sie ihn mit frischen Lebensmitteln und entsorgen Sie Angebrochenes.

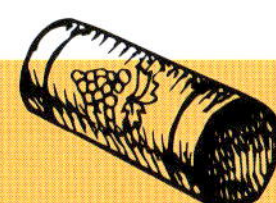

TIPP

Kampf den schlechten Gerüchen

Damit schlechte Gerüche aus dem Kühlschrank verschwinden, entsorgen Sie die entsprechenden Lebensmittel. Verteilen Sie anschließend drei oder vier Korken im Kühlschrank, sie nehmen die unangenehmen Gerüche auf.

TIPP

Eine Frage der Größe

Haben Sie kleinere Kinder? Damit diese das Tischdecken lernen, sollten Sie sich für einen Schrank unter der Arbeitsplatte entscheiden, damit sie an alles drankommen (außer an scharfe Gegenstände natürlich), ohne auf einen Hocker klettern zu müssen.

Und Haushaltsprodukte?

Verfahren Sie ebenso, sortieren Sie aus. Es ist unnötig, unter dem Spülbecken Salzsäure und Terpentin aufzubewahren. Und wieso sechs verschiedene Haushaltsreiniger behalten, wenn Sie immer nur denselben benützen ebenso sechs Putzlappen. Werfen Sie Ballast ab. Setzen Sie auf Grün! Natron, Tafelessig, Savon de Marseille, Schmierseife ... Mit diesen vier natürlichen Produkten können Sie zuhause alles putzen, weshalb also Ihren Schrank mit zahlreichen Produkten füllen, die zu alledem auch noch Ihren Geldbeutel schmälern?

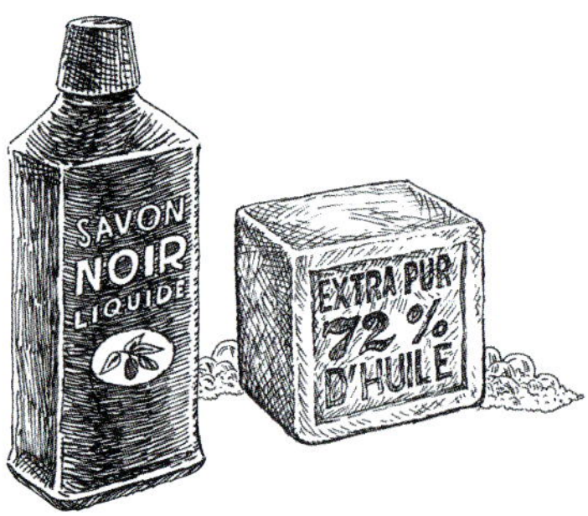

Aufräumen

Eine übersichtliche Arbeitsplatte, ein leeres Spülbecken und Lebensmittel in den jeweiligen Schränken ... Eine effiziente Küche ist eine Küche, in der alles an seinem Platz ist.

Das Geschirr

Schaffen Sie einen Schrank für den Alltag. Dort lagern Sie alles, was Sie für die Mahlzeiten brauchen – Teller, Gläser, Schalen usw. Sie brauchen dort keine drei Dutzend Teller einräumen, wenn Sie nur zu Dritt sind und wenn die Spülmaschine mehrere Male täglich läuft. Planen Sie zwei Teller (für zwei Mahlzeiten) pro Person ein. Wenn Sie oft Besuch bekommen, nehmen Sie zwei oder drei Teller mehr. Nicht so oft genutztes Geschirr, wird in einem anderen Schrank untergebracht. Praktisch, wenn Sie für Ihre Stielgläser Platz sparen möchten: Stellen Sie sie schön nebeneinander und zwar immer abwechselnd eines mit dem Stiel nach unten und eines anders herum. So brauchen sie weniger Platz und stoßen nicht aneinander.

Die Utensilien

• **Lose Deckel.** Damit endlich Schluss ist mit diesen losen Deckeln, die die Schränke verstopfen, befestigen Sie sie innen an den Türen. Vom einfachen Haken bis hin zu Leisten gibt es zahlreiche Möglichkeiten, sie unterzubringen.

• **Und die Töpfe**? Auch hier gilt, lieber aufhängen anstatt zu stapeln und zwar in Ihrem Schrank an einer Art Vorhangstange mit Haken. Sie können Sie viel einfacher herausnehmen und schneller wieder einräumen. Falls Sie sich mit einer einzigen Serie Töpfe und Pfannen begnügen, können Sie sie auch ineinander stapeln. Denken Sie daran, zwischen jeden Topf eine Lage Küchenpapier zu legen: So werden sie nicht beschädigt.

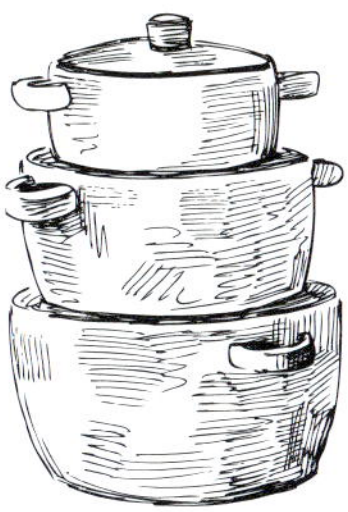

• **Schneidbretter, Platten und Kuchenformen benötigen weniger Platz,** wenn sie senkrecht aufgeräumt werden. Versehen Sie Regale mit Abtrennern. Sie können auch Bücherstützen verwenden.

Haushaltskleingeräte

Sie sind schön, Designerstücke, doch unnütz, wenn sie auf der Arbeitsplatte herumstehen. Lassen Sie nur diejenigen stehen, die Sie täglich brauchen: Toaster, Wasserkocher, Kaffeemaschine, Obstpresse. Die anderen werden in den Schrank geräumt, die selten benötigt werden stehen ganz hinten.

Kühlschrank und Gefrierschrank

• Jedes Ding hat seinen Platz unter Beachtung der Angaben für die jeweiligen Geräte. Räumen Sie die Produkte je nach ihrer Verwendung ein und denken Sie daran, diejenigen, die schnell gegessen werden müssen, vorne hinzustellen, damit das Joghurt hinten im Kühlschrank nicht vergessen wird. Füllen Sie die Geräte nicht zu voll, damit die Luft zirkulieren kann und Lebensmittel nicht gestapelt werden müssen und so verderben. Haben sie genügend Platz, sind sie schneller gekühlt. Auch eine gute Möglichkeit, Energie zu sparen.

- **Im Kühlschrank** sollten Sie keine Lebensmittel mit deren Kartonage- oder Papierverpackung lagern, erstens aus Hygienegründen, aber auch, weil die Verpackungen die Kälte abhalten und so die Lebensmittel nicht bei der richtigen Temperatur gelagert werden.
- **Auch wenn Sie es eilig haben,** sollten Sie Lebensmittel abkühlen lassen, bevor Sie sie in den Kühl- oder Gefrierschrank stellen. Werden sie warm eingeräumt, erhöht dies den Energiebedarf, da der Motor doppelt arbeiten muss, um das Gericht zu kühlen. Außerdem kann die Wärme die Kühlkette der anderen Lebensmittel beeinträchtigen.

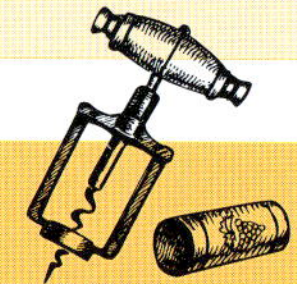

TIPP

Die Notfallschublade

Da man immer tausend Dinge hat, die man nicht wegwerfen möchte, weil sie noch nützlich sein könnten, sollten Sie eine Schublade für „den Fall der Fälle“ vorsehen. Vom Korken bis zum Gummi oder die Geburtstagskerzen. Achtung, jeden Monat müssen Sie diese Schublade durchsehen, damit die darin gelagerten Dinge nicht überhand nehmen.

Haushaltsprodukte

Aus Gewohnheit werden sie unter das Spülbecken geräumt. Dies sollte man jedoch vermeiden, wenn man kleine Kinder und Tiere hat. Es ist besser, diese Produkte oben in einem Schrank aufzubewahren und wieso nicht in der Abstellkammer oder im Flur. Sie haben die Wahl.

- **Hängen Sie alle Zerstäuber an eine Vorhangleiste,** die Sie oben im Schrank befestigen (darauf achten, die Höhe der Revolvergriffe zu messen). So gewinnen Sie Platz und die Zerstäuber sind mit einem Blick auszumachen.
- **Befestigen Sie die Kartons mit den Müllsäcken oder Gefrierbeuteln innen an den Türen**. Ein Reißnagel genügt, und Sie brauchen nichts mehr zu suchen.
- **Damit Sie nicht stundenlang einen Putzlappen suchen,** bewahren Sie diese in einer Kiste oder einer Plastiktüte auf. Sie können auch ein Putzset zusammenstellen: Schwamm, Lappen und Handfeger.

Lebensmittel

Damit Sie alles auf den ersten Blick sehen, sollten die Lebensmittel nach Größe, Art und Form gelagert werden. Auf einer Seite stärkehaltige Lebensmittel, auf der anderen Seite Konserven, weiter unten Teedosen usw. Diejenigen, die Sie am meisten benötigen stehen ganz vorne. Offene Päckchen bewahren Sie in luftdichten Behältnissen auf. Damit die gemahlenen Mandeln nicht

zwischen zwei Mehlpackungen verschwinden, bringen Sie unter dem oberen Ablagebrett eine kleine Vorhangstange im Schrank an: Dort können Sie die Päckchen mit einfachen Haken aufhängen. Falls es für Hefepäckchen, Brühwürfel usw. keine Schublade gibt, befestigen Sie einen transparenten Bilderrahmen mit acht bis zehn Fächern am Inneren einer Tür und geben diese Päckchen dort hinein. Fünf Dosen Thunfisch, drei Gläser Senf? Wieso unbedingt Vorräte für die nächsten Jahre lagern, wenn der Supermarkt um die Ecke ist? Zwingen Sie sich dazu, nur das Notwendigste zu lagern. Schätzen Sie die Menge für eine Mahlzeit ab. Zum Beispiel eine große Dose Thunfisch, eine Dose Mais, ein Päckchen Reis, um beispielsweise schnell einen Reissalat zubereiten zu können usw. Das Gleiche gilt für den Gefrierschrank.

TIPP

Rabattmarken-Lager

Anstatt die Ablagefläche des Kühlschranks mit sämtlichen Rabattmarken zu belagern, kleben Sie mit doppeltem Klebeband eine Korkplatte innen in einer Schranktür fest. Nun müssen Sie die Marken nur noch dort feststecken.

SCHLAFZIMMER

Ein Hafen der Ruhe

Ein Schlafzimmer muss Ruhe ausstrahlen. Kein Spiegel, keine Pflanzen, keine EDV, nicht zu viele Bilder an den Wänden … Je leerer es ist, desto schöner lässt es sich dort träumen.

Aufräumen

Aktion „Den Raum erfassen"

Das Prinzip ist einfach: Setzen Sie sich aufs Bett, sehen Sie sich um und bewerten Sie die Situation: Der Bücherstapel, der umfällt, der Kleiderberg auf dem Sessel, die Schuhsammlung am Bettende, Krimskrams in den Ecken und die Pflanze, die langsam zu Treibholz wird … Man braucht nicht weiterzumachen, alles muss verschwinden. Alles? Ja! Das ist das Geheimnis eines guten Schlafs. Also, das Bett bleibt natürlich stehen, dazu zwei Nachttischchen, eine Kommode, ein Sessel … das ist alles. Der Rest muss in Schränken verschwinden, in den vier berühmten Säcken oder eventuell in einem anderen Zimmer.

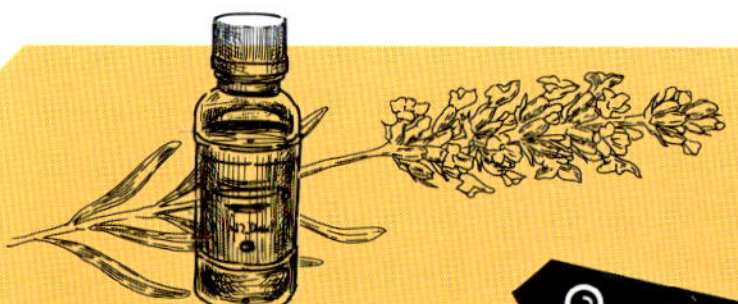

TIPP

Duftwölkchen

Geben Sie einen Tropfen ätherischen Lavendelöls auf einen Kieselstein und Sie werden tief und fest schlafen oder aber Ylang Ylang für ein sinnliches Ambiente.

Ein aufgeräumtes Nachttischchen

Räumen Sie alles weg, was unnötig darauf herumliegt: Medikamente, werfen Sie alte Taschentücher weg, Lesezeichen. Räumen Sie Handcreme und Körpermilch ins Bad und vergessen Sie nicht, das zu sortieren, was sich darunter befindet: Bücher, in die man nie hineingeschaut hat, Stapel mit Zeitschriften aus einer anderen Zeit … Lassen Sie Unverzichtbares stehen wie den Wecker, ein oder zwei Bücher, ein Heft und einen

Stift, falls Sie zu denen gehören, die sich vor dem Einschlafen das notieren, was sie am nächsten Tag erledigen müssen.

Aufräumen

Ein Platz für den Schmuck
Schaffen Sie sich ein Schmuckkästchen an, das ist besser als alles auf dem Nachttisch liegen zu haben und Sie laufen nicht Gefahr, etwas zu verlieren.

Sie brauchen weiteren Stauraum?
Kaufen Sie zwei große Unterbettschubladen aus Stoff, die Sie unters Bett legen. Das ist ein guter Platz, um Leintücher und Decken aufzubewahren oder Winter- oder Sommersachen unter der Bedingung, dass alles luftdicht verschlossen aufbewahrt ist, damit nichts staubig oder von Motten befallen wird.

KINDERZIMMER

Verspielt und funktional

Das Kinderzimmer ist Spielplatz und Schlafplatz und muss sowohl ein Gefühl der Freiheit als auch der Sicherheit verbreiten.

Aufräumen

Die Kindersachen
Lohnt es sich wirklich, die Sommersachen Ihres Sohnes aufzubewahren? Seine Shorts sind ihm zu eng? Dann zögern Sie nicht lange und geben Sie sie her. Im nächsten Sommer wird er sie nicht einmal mehr schließen können. Das Kleidchen mit Rüschen ist wirklich süß, aber wird Ihre Tochter es je wieder tragen? Entscheiden Sie zusammen mit ihr, was weg kann. Verfahren Sie ebenso mit den Schuhen: Die Füße wachsen jedes Jahr um mindestens eine Größe ... Geben Sie auch Schätze weg! Vom T-Shirt, das sie von ihrem Onkel für die Geburt bekam, bis zum niedlichen Badeanzug, den sie so liebte. Verschenken Sie, entsorgen Sie oder räumen Sie diese Sachen in die Erinnerungskiste.

Die Spielsachen

Kaputte Fahrzeuge, unvollständige Spiele, Puppen, denen Gliedmaßen fehlen ... Wegwerfen! Das 500-Teile-Puzzle, das er nie angerührt hat, das Gesellschaftsspiel, das er nicht mag, verschenken! Er mag die Sachen nicht, dann ist es egal, ob es sich um ein Geschenk von Tante Gertrud oder von seinem Kumpel Paul handelt. Verschenken oder verkaufen Sie, jetzt wo er vier Jahre alt ist Bauklötze und sonstiges Spielzeug aus der Zeit, als er zwei war. Er wird größer und möchte seine Baby-Spielsachen nicht mehr, also helfen Sie ihm bei seiner Entwicklung, akzeptieren Sie seine Entscheidungen, auch wenn es Ihnen schwerfällt, diese anzunehmen!

Hätten Sie es gewusst ?

Das Feng Shui-Prinzip besagt, dass der Raum unterm Bett frei bleiben sollte, damit die Energie (das berühmte Chi) freizirkulieren kann. Natürlich kann man zwei große Unterbettkommoden unter das Bett schieben, denn so kann die Luft immer noch passieren. Aber in keinem Fall sollte man alles „drunter stopfen", was irgendwie stört.

Die Bücher

Auch hier sollten Sie nur die behalten, die die Kinder lieben. Denn es ist wie bei den Spielsachen: Wenn sie nie angeschaut wurden, werden sie nie angeschaut werden.

Aufräumen

Die Kommode

- **Damit das Kind alles auf einen Blick sehen kann** und für mehr Stauraum, legen Sie T-Shirts klein zusammen oder rollen Sie diese zusammen und räumen sie senkrecht ein.
- **Die Stapel:** Wenn das Kind klein ist, kommt es nicht damit klar, ist es größer, dann auch nicht. Aber aus anderen Gründen. Kleinen Kinder fehlt die Motorik, großen die Motivation!
- **Räumen Sie die Sachen nach Art ein:** T-Shirts, Socken, Polos, usw.
- **Für Kleinteile – von Unterhosen bis Socken:** Verwenden Sie Schubladentrenner, sie sorgen für mehr Stauraum und verhindern Unordnung in den Schubladen.
- **Zum Aufräumen** sind Banktruhen und Unterbettkommoden praktisch. Liebt Ihr Kind elektrische Eisenbahnen? Dann legen Sie die Bahn in eine Unterbettkommode. Für mehr

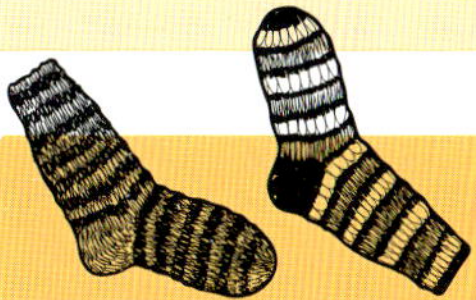

TIPP

Jagd auf einzelne Socken

Sie vermeiden die ewige Jagd auf einzelnen Socken, wenn Sie sich ein für alle Mal dafür entscheiden, Socken in nur einer Farbe zu kaufen!

Spielfläche nehmen Sie eine Schublade von der Größe des Bettes.

· **Für jede eine Tasche**. Damit Barbiepuppen nicht überall herumliegen, befestigen Sie eine spezielle Hängeaufbewahrung für Badezimmer an der Wand. Genau, die mit den vielen durchsichtigen Aufbewahrungstaschen. Sie haben tiefe Taschen und sind daher bestens für die Puppen und deren Kleider geeignet.
Ein System, das Sie auch für die Aufbewahrung von Stiften und sonstigen Kleinteilen verwenden können.

Für die Stofftiere sehen Sie in einer Ecke des Zimmers eine Hängematte vor. Befestigen Sie auf jeder Wandseite einen Haken und hängen Sie dann ein großes Stück Tüll auf, das breit genug ist (der Stoff muss sie „einwickeln", sonst fallen sie herunter). Die Hängematte muss natürlich auf Kinderhöhe befestigt werden, sonst kann es die Stofftiere nicht herausnehmen.

Den Schreibplatz einrichten

· **Auf zwei große Korkplatten** an der Wand vor seinem Schreibtisch können Stundenplan, Notizen usw. befestigt werden. Damit es Zirkel, Lineale und Geodreieck nicht verliert, zeichnen Sie, wie bei Werkzeugtafeln die Formen auf die Korkplatte, dann weiß es, wo was hingehört.

· **Optimieren Sie die Einteilung der Schubladen**. Damit ihr Kind alles schnell wieder findet, teilen Sie Schubladen mit speziellen „Schubladentrennern" aus Plastik (Ikea, Hema usw.) oder mit einfachen Boxen auf. Eine für Stifte, eine für Kleinmaterial (Radiergummi, Spitzer, ...), eine für Tintenpatronen usw.

· **Nehmen Sie einen Schreibtisch** mit vielen Schubladen oder Schränke mit Ablageflächen.

BADEZIMMER

Ein Ort der Erholung

Schminksachen, Pinzette, Feile – im Badezimmer gibt es eine Menge kleiner Dinge von denen man nicht weiß, wo man sie unterbringen soll. Will man sich erholen, müssen die Stauräume entsprechend organisiert werden.

Aufräumen

Weniger wertvolle Kosmetika

Ebenso wie Parfum sind sie nicht so lange haltbar und können Allergien, Hautreizungen, Rötungen hervorrufen. Daher sollten Sie regelmäßig und ohne zu zögern angebrochene Produkte aussortieren.

Memo Aufbewahrungsdauer

- Eyeliner und Mascara: 3 Monate
- Lotionen und Abschminklotionen: 6 Monate
- Tag- oder Nachtcreme: 6 bis 12 Monate
- Nagellack: 1 Jahr
- Makeup: 1 Jahr
- Schaumbäder und Duschgels: 2 Jahre
- Stifte (Kajal und Konturenstift): 2 Jahre
- Shampoo und Spülung: 2 bis 3 Jahre
- Lippenstift: 3 Jahre
- Rouge, Puder und Lidschatten: 3 Jahre, solange sie nicht in tausend Teile zerfallen, können sie verwendet werden.
- **Auch Parfums haben eine Mindesthaltbarkeitsdauer**. Auf der Verpackung ist ein Cremetiegel mit einer Zahl abgebildet; zum Beispiel „6M“. Dies bedeutet, dass das Parfüm am besten innerhalb von sechs Monaten nach Anbruch aufgebraucht werden sollte. Bewahren Sie es an einem lichtgeschützten Ort auf.

Ein aktueller Medikamentenschrank

Über 58 % von uns sortieren niemals ihre Medikamente aus*. Falsch. Man sollte alle sechs Monate aussortieren. Ist ein Medikament abgelaufen oder wird es falsch verwendet, kann es gefährlich werden. Also überprüfen Sie die Verwendungsdauer auf den Verpackungen. Und nicht einfach irgendwo entsorgen!

ACHTUNG: Sind Augentropfen, Lösungen zum Einnehmen oder Säfte einmal geöffnet, sind sie nicht lange haltbar. Beachten Sie die Packungsbeilage oder fragen Sie Ihren Apotheker.

Aufräumen

Schönheitsaccessoires

- **Pinzetten, Haarklammern,** Nagelscheren … Damit diese nicht überall herumliegen, befestigen Sie sie an einem ungefähr 15 cm breiten Stoffstreifen, den Sie innen an der Schranktür befestigen.
- **Glätteeisen, Föhn und sonstige Frisierutensilien** werden in eine Box abgelegt, damit man sie gut findet. Sie können auch an Haken gehängt werden, entweder an einer Schrankinnentür oder an eine Wand.

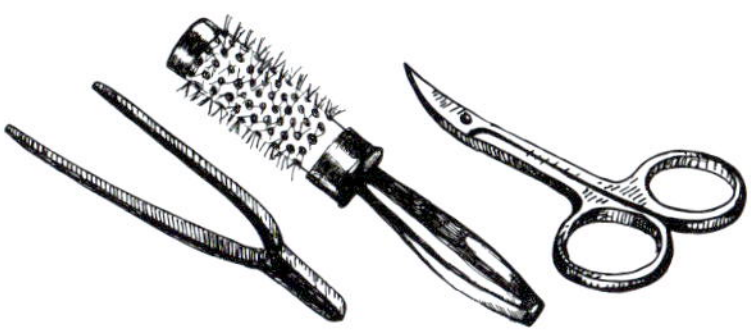

* Quelle: BVA-Studie für Biogaran. Nov. 2010.

Badspielzeug

Sie wissen nicht wohin mit dem Badspielzeug vom Baby? Installieren Sie eine Duschstange parallel zur Badewanne. Dort können Sie Abtropfbecken aufhängen, die normalerweise in der Küche verwendet werden. Die Spielsachen trocknen dort ohne zu schimmeln.

Handtücher in Reichweite aufbewahren

Sie möchten Handtücher gerne in Reichweite haben? Dann hängen Sie Aufbewahrungsboxen an die Wand und sortieren Sie aufgerollte Handtücher nebeneinander dort ein.
Oder dekorieren Sie: Erstellen Sie zwei Sets à drei Handtücher pro Person, d.h. ein Badetuch, ein Gästehandtuch (mittlere Größe) und ein kleines Handtuch. Dazu kommt eventuell noch ein Waschhandschuh. So verfahren Sie für jeden, nehmen aber eine andere Farbe. Setzen Sie diese Farbstapel in Aufbewahrungsboxen oder auf Regale. Je nach Ambiente Ihres Badezimmers können Sie mit Kontrasten oder Farbabstufungen spielen.

Kleider, Papiere und Bücher sortieren ist die langwierigste Aufgabe, für die man am meisten Zeit benötigt, aber es ist auch die Wichtigste, die bei der man am besten den Kopf frei bekommt.

3

DIE DREI STÜTZEN

BÜCHERSCHRANK

Zeit der Geheimnisse

Man liebt sie und stellt sie daher eng aneinander, um sie anzuschauen. Egal ob man sie nie mehr liest. Aber zu viele Bücher erzeugen ein beklemmendes Gefühl. Dazu kommt, dass man auf den Regalen gerne Dekorationsobjekte platziert, die ihren Teil zur Unordnung beitragen.

Aufräumen

Gnadenlos

Sie kommen nicht umhin, das gesamte Bücherregal zu leeren, wenn Sie Ihre Bücher ordnen möchten. Setzen Sie sich hin und fragen Sie sich: Wieso dieses Buch behalten? Was erzählt es mir? Diejenigen, die Ihnen nichts sagen, haben keinen Platz mehr in Ihrer Bibliothek. Entsorgen Sie sie. Und diese da? Sie haben sie noch immer nicht gelesen? Wegwerfen! Ein Buch, das nicht innerhalb von drei Monaten nach dem Kauf gelesen wird, wird nie gelesen. Taschenbücher sind praktisch zum Lesen, sparen Geld, lassen sich aber schlecht aufbewahren. Behalten Sie also diejenigen, an denen Ihnen etwas liegt und werfen Sie die anderen weg.

Was ist mit wertvollen Büchern?

Und jene alten, von den Urgroßeltern geerbten Bücher? Alt heißt nicht wertvoll, außer vielleicht von der Gefühlsseite aus. Ein beschädigtes Buch, ein „angegriffener" Einband ist vielleicht eine offene Pforte für Pilze, die die anderen beschädigen könnten. Legen Sie sie zur Seite und nutzen Sie ein Wochenende, um einen Buchhändler Ihres Vertrauens um Rat zu fragen, bevor Sie sich davon trennen.

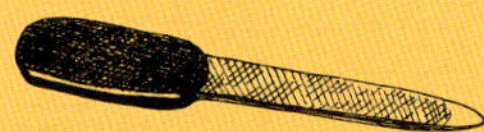

TIPP

Staubfreie Bücher

Saugen Sie die Bücher regelmäßig mit der Bürste des Staubsaugers ab. Um gelbliche Farbe oder Grauschleier zu entfernen, drücken Sie einmal jährlich Ihr Buch fest zusammen und kratzen Sie den Einband mit der flachen Seite einer Feile ab.

Hätten Sie es gewusst?

Vorsicht vor Silberfischchen! Sie haben ihren Namen von ihrem spitzen, mit winzigen silbrigen Schuppen bedeckten Körper. Eigentlich sind sie harmlos und winzig (Sie sind nicht einmal einen Zentimeter groß), sind jedoch die erklärten Feinde von Büchern. Und aus gutem Grund, denn sie lieben Papier und fressen dieses! Man kann sie durch ihre Gefrässigkeit erwischen, sie lieben nämlich Stärke. Abends (sie hassen Licht und kommen nur abends heraus) legen Sie eine aufgeschnittene Kartoffel auf eine geöffnete, schön ausgebreitete Plastiktüte. Nachts drängen sie sich um die Kartoffel. Früh morgens müssen Sie dann nur noch die Plastiktüte über den Silberfischchen zusammenbinden.

ACHTUNG: Schutzumschläge Ihrer Bücher nicht wegnehmen, insbesondere, wenn es sich um alte Bücher handelt. Sie bilden eine Einheit mit dem Buch. Trennt man sie voneinander, verlieren die Bücher bereits an Wert, so sie einen besitzen.

Weniger Nippes

Sie haben die Büchertour beendet? Nun ist es Zeit, die Dekoobjekte zu sortieren, die auf dem Bücherregal stehen. Sind Sie sicher, dass Sie alles ausstellen möchten? Dieser Aschenbecher, den ihr Sohn gemacht hat, als er fünf Jahre alt war – heute ist er 15 – kann in die Erinnerungskiste gelegt werden. Diese Vase ist hübsch, aber passt von der Größe her nicht in ein Regal ... Aussortieren! Und die Fotos? Wenn Sie sie zeigen möchten, sollten Sie sie lieber in Rahmen an die Wand hängen.

Aufräumen

ACHTUNG: Regale werden zu Dekorationsobjekten, wenn sie leicht bleiben. Hierfür räumen Sie eine Reihe Bücher in ein Fach, ein einziges Objekt in ein anderes ... Scheuen Sie sich nicht, ein oder zwei Fächer fast leer zu lassen. Bevor Sie erneut die Regale füllen, putzen Sie sie von oben bis unten mit einem feuchten Schwamm.

Bücher ordnen

- **Bücher kann man auf tausend Arten ordnen**. Man kann sie alphabetisch ordnen, nach Größe, Reihe, nach Farbe, Kontinent, Land, Art, Literaturepoche, Sprache, aber auch je nach Lesepriorität, Serie usw. Alles ist erlaubt, wie immer unter der Bedingung, dass man sich daran hält.

TIPP

Feuchtigkeitsschutz

Feuchtigkeit ist Gift für Bücher. Wenn also der Raum sehr feucht ist, legen Sie Calciumchloridgranulat (in Bastelgeschäften erhältlich) aus, das Feuchtigkeit sehr gut absorbiert. Doch Vorsicht, Handschuhe verwenden und neben die Bücher, aber oben auslegen, es ist reizauslösend. Es ist viel umweltfreundliche, ein Schälchen mit grobem Salz ins Regal zu stellen. Salz ist eines der besten Feuchtigkeitsabsorber.

• **Das Einräumen nach Farben kann eine Option sein,** doch stellen Sie in diesem Fall nicht mehr als 3 oder 4 zusammen, weil sonst ein Gefühl von Schwere entsteht.

• **Wieso Bücher immer so einräumen, dass nur der Buchrücken sichtbar ist?** Stellen Sie einige schöne Bücher mit Ihrer Vorderseite heraus. Brechen Sie die Reihen durch unterschiedliche Formate auf.

• **Sie haben ein tiefes Regal?** Dann stellen Sie zwei Bücherreihen auf. Legen Sie Taschenbücher flach wie eine Estrade hin, damit die Bücher, die Sie hinten hinstellen erhöht sind.

ANKLEIDE-ZIMMER

Ali Babas Räuberhöhle

Man bewahrt dort alles auf ... auch unnütze Dinge! Man räumt Sachen dort auf, aber man versteckt dort auch Dinge und stopft alles hinein, von dem man nicht weiß, was man damit machen soll. Es ist so einfach, Dinge, die im Laufe der Zeit unsichtbar geworden sind hinter einer Tür zu verstecken. Heute „graben" wir sie aus.

Aufräumen

Kleider unter die Lupe nehmen

Räumen Sie den Schrank aus und setzen Sie alles aufs Bett. Vorsicht, nicht alles übereinander werfen, sonst gibt es einen Kleiderhaufen und Sie werden die Aktion sofort abbrechen. Außerdem ist es nicht Ziel, Ihnen zusätzliche Bügelstunden zu bescheren. Nehmen Sie die Sachen aus Ihrem Schrank, legen Sie sie zusammen und machen Sie kleine Stapel. Es lebe die Aktion – verwenden Sie wieder das System der 4 Säcke und organisieren Sie die Sortieraktion: links das, was Sie behalten, rechts das, von dem Sie sich trennen, hinten das, was Sie wegwerfen und vor Ihnen der Sack mit Dingen, bei denen Sie zögern. Wenn Sie das Ausmisten Ihres Kleiderschrankes ernsthaft betreiben möchten, sollten Sie lieber einen Tag wählen, an dem Sie sich gut fühlen, denn Sie müssen alle Kleider anprobieren, um sich zu entscheiden, es führt kein Weg dran vorbei. Eine Aufgabe, die jede Shoppingqueen innerhalb einer Stunde ermüdet. Nehmen Sie eine Freundin zur Hilfe.

Effizientes Sortieren

- **Zuallererst sollten Sie sich arrangieren:** Kleidung, die Sie seit Monaten zum Ausbessern oder umgestalten lagern, werden wohl noch lange im Schrank bleiben, denn wenn

Sie es bis heute nicht getan haben, werden Sie es niemals tun: Wegwerfen! Sie zweifeln noch? Dann also in Richtung Sack mit den Dingen, bei denen Sie zögern, aber schließen Sie einen Deal mit sich ab: Wenn Ihr Top in den nächsten zwei Wochen nicht ausgebessert wurde, wandert es in den Altkleidersack!
- **Schauen Sie sich Ihren schwarzen Pulli an.** Natürlich lieben Sie ihn, aber er ist völlig von Motten zerfressen. Werfen Sie ihn weg! Verfahren Sie mit allem so, was Löcher oder Flecken hat.
- **Dinge, die zu klein sind?** Verschenken! Kleidung, die neu oder in gutem Zustand ist, die Sie aber seit zwei Jahren nicht getragen haben? Verschenken! Zögern ist unnötig. Wenn Sie diese Sachen seit zwei Jahren nicht getragen haben, dann gibt es keinen Grund, dass Sie sie morgen tragen ... Also legen Sie diese Teile sorgfältig zusammen und geben Sie sie in den Sack mit den Teilen, die Sie an eine gemeinnützige Organisation verschenken. Zu große Teile? Verschenken! Wieso sich von Dingen vereinnahmen lassen, die nicht zu einem passen?

Hätten Sie es gewusst?

Im Feng Shui können Dinge, die mit zu vielen Erinnerungen behaftet sind, ein Gefühl der Beklemmung erzeugen und Sie sowie die Mitglieder Ihrer Familie daran hindern, im Leben voranzukommen. Also, nur Mut, der ganze so gewonnene Platz ist ein „Energiebehälter" für Ihr neues Leben.

• **„Oh nein, nicht dieses Kleid,** das habe ich getragen, als ich meinen Mann kennengelernt habe ...“ Es ist immer schwer, sich von Sachen zu trennen, mit denen man eine Erinnerung verbindet und dennoch ist es notwendig. Keine Gnade, befreien Sie sich. Sortieren Sie Socken aus, Unterwäsche, Gürtel ... Nichts darf durch die Maschen Ihres Netzes fallen.

Achten Sie auf Ihre Schuhe

Seien Sie gnadenlos mit abgelaufenen, alten und farblosen Schuhen. Sie haben keine Farbe, keine Form und keinen Absatz mehr? Wegwerfen! Sie sind neu, Sie haben aber Blasen, sobald Sie sie tragen? Verschenken! Die anderen, die noch in gutem Zustand sind, bewahren Sie bis zur nächsten Saison auf, aber trennen Sie der besseren Übersicht wegen Winter- von Sommermodellen.

Nein, nicht meine Handtasche!

Sind Sie sicher, dass Sie diese Umhängetasche noch einmal tragen? Sie wollten Sie Ihrer Tochter vermachen? Falls Ihre Teenie-Tochter sich die Tasche nicht bereits gekrallt hat, können Sie mit Sicherheit davon ausgehen, dass sie ihr nicht gefällt! Sie ist noch zu jung? Seien Sie realistisch, denn selbst wenn die Tasche in einigen Jahren „total in“ sein wird, so wird die Ihre durch eine neue ersetzt werden.

Hätten Sie es gewusst?

Motten hassen es, wenn sie gestört werden, drum bringen Sie Leben in Ihre Schränke! Öffnen Sie sie, belüften Sie sie, setzen Sie Ihre Kleiderstapel um, bewegen Sie die Kleiderbügel, usw.

Eine kleine Tour durch die Wäsche

• **Alles raus.** Ohne Ausnahme! Schluss mit dem Lagern leerer Schachteln. Sie sind zwar sehr hübsch, haben eine günstige Größe, doch wenn sie bedauerlicherweise leer bleiben, wenn sie nicht sofort genutzt werden, dann weil man sie nicht benötigt. Warum also die Schränke damit vollstopfen?

• **Leintücher, Bettbezüge, Decken:** Unnötig, zehn Garnituren und sämtliche Leintücher Ihrer Großmutter aufzubewahren, vor allem dann, wenn Sie nur Federbetten verwenden. Drei komplette Sets (Betttuch, Leintuch, Kissen- und Bettbezug) sind völlig ausreichend.

• **Sich zwischen schöne Laken kuscheln, muss nicht zum Problem werden,** will man gut schlafen. Damit Ihre Nächte schöner als die Tage sind, müssen Sie Ihren Schlaf-

Vorsicht vor Motten

TIPP

Motten sind der schlimmste Albtraum unserer Pullover und sonstigen Textilien. Diese kleinen Viecher können einen ganzen Stapel Pullover durchlöchern.

• **Schneiden Sie ein paar Scheiben Savon de Marseille:** Man weiß nicht wieso, aber diesen Duft lieben Motten nicht.

• **Sie hassen auch den Geschmack von Zeitungspapier,** also legen Sie hier und da zerknüllte Seiten in Ihre Schränke. Zeitungspapier hat auch die Eigenschaft, Feuchtigkeit aufzusaugen. Ein Grund mehr, es in den Schränken zu verteilen.

• **Nelken scheinen eine der gefürchtetsten Waffen zu sein.** In einen Strumpf eingebunden oder in einem kleinen Gefäß (etwa ein Dutzend Nelken) vertreiben sie die Motten, die diesen Duft hassen. Sie können auch eine Orange mit Nelken spicken und diese im Kleiderschrank aufhängen. Es wird Ihnen dann jedes Mal ein sanfter Duft um die Nase wehen, wenn Sie die Schranktür öffnen.

bereich pflegen. Auch hier gilt, weg mit löchrigen Leintüchern und abgewetzten oder vergilbten Kissenbezügen …

Aufräumen

Nun wird geputzt

Alles ist draußen? Das ist der Zeitpunkt, Ihren Schrank zu putzen. Reinigen Sie ihn mit einer Mischung aus drei Teilen Zitronensaft, ¼ l Wasser und zwei Tropfen ätherischem Eukalyptusöl. Das sorgt für eine frische Note und beugt dem Mottenbefall vor.

Optimieren Sie den Ankleideraum, bevor Sie alles wieder einräumen

• **Verändern Sie die Einteilung der Schränke.** Wenn Sie den Abstand zwischen den Böden reduzieren, können Sie ganz einfach ein oder zwei Böden mehr einfügen. In Ihrem Hängeschrank hat kein Kleiderbügel mehr Platz? Und wenn Sie den Platz der Höhe nach zweiteilen?

• **Falls Sie eine ordentliche Schrankhöhe haben,** können Sie sogar in den verbleibenden unteren Teil kleine modulare und stapelbare Kisten (z.B. Ikea) hineinstellen, in die Taschen, Schuhe oder Wäsche geräumt werden können.

• **Unmöglich, den Schrank anders einzuteilen?** Nutzen Sie das System der Vakuumsäcke, um die Sommerkleidung aufzubewahren und die Kleider, die Sie selten benötigen. Sie können sich auch an das klassische, aber immer noch effiziente System der Kisten mit Deckel halten. Die tieferen sind perfekt für Decken, jedoch kaum für Schuhe geeignet.

• **Lassen Sie ungefähr 25 % Platz in Ihrem Schrank.** Dies sorgt für mehr Breite zum Aufräumen und hilft Ihnen dabei, Dinge oder Kleider einfacher an ihren Platz zu räumen.

• **Falls Ihre Schränke klein sind,** nutzen Sie das System der beiden Garderoben, wie es bereits unsere Großmütter taten. Räumen Sie alle Sachen einer Jahreszeit in eine große Kiste, die Sie auf einem Regal lagern. Die Kisten reichen nicht aus? Verwenden Sie Vakuumbeutel, somit gewinnen Sie 50 % mehr Platz. Passen Sie jedoch auf, dass Sie die Kleider sorgfältig einräumen, denn sobald der Beutel unter Vakuum ist, erhält er eine Form, die zum Einräumen im Schrank unmöglich ist.

• **Was Regale angeht,** setzen Sie auf einfache Modelle. Die Dinge, die Sie im Alltag am meisten benutzen, werden in Reichweite und sichtbar gelagert, denn sonst werden Sie bald mit Kleiderbergen zu kämpfen haben.

> TIPP
>
> **Den Schrank von unangenehmen Gerüchen befreien**
>
> Setzen Sie auf Neutralität. Parfüms verstärken die nicht immer angenehmen Gerüche nur. Ziehen Sie etwas vor, was den Geruch absorbiert. Geben Sie einige Suppenlöffel Natron in einen kompakten Strumpf oder ein Schälchen, das ist alles. Denken Sie daran, das Natron alle zwei Wochen auszutauschen.

Stauraum organisieren

• **Es lebe der Stapel!** Ein Stapel für T-Shirts, einer für Hemden. Legen Sie alles in der gleichen Größe und der gleichen Art zusammen. Effizienter Stauraum muss kohärent sein. Sie können mit den Farben spielen und mit den Materialien verschiedene Abstufungen erzeugen.

• **Sie haben keine Schublade zum Verstauen von Unterwäsche?** Dann nehmen Sie hübsche Kisten. Durchsichtige Kisten haben den Vorteil, dass man den Inhalt sieht. Vorsicht, achten Sie auf die Breite und Tiefe Ihres Regals, damit die Kisten genau hineinpassen. Eine Kiste für Unterhosen, eine für BH's und eine für Socken, das ist viel praktischer. Beim Einräumen hängt alles von Ihnen ab. Welcher Typ sind Sie? Es gibt die

„Chaoten", die alles durcheinander hineinwerfen und die Teile je nach Bedarf wahllos herausfischen, und es gibt die „Pingeligen", die gerne auswählen, damit alles zur Kleidung passt. In diesem Fall nutzen Sie die Roll-Methode, deren Vorteil es ist, dass Sie mehr Platz haben.

• **Eine Alternative für die BH's?** Hängen Sie sie auf einen Kleiderbügel zu den Blusen.

• **Sie wissen nicht, was Sie mit all Ihren Schals und Tüchern machen sollen?** Hängen Sie sie auf einen Kleiderbügel im Hängeteil des Schranks. So verknittern sie nicht und Sie können sie einfacher passend zum Mantel auswählen.

Sich einen „Schuhschrank" schaffen

• **Wir haben gerne viele Schuhe,** aber das Aufräumen ist eine andere Geschichte. Nicht jede hat einen Schuhschrank wie die amerikanischen Stars. Egal, denn es mangelt nicht an Alternativen!

• **Sie haben hauptsächlich Schuhe mit Absätzen?** Dann befestigen Sie Vorhangstangen übereinander im Schrank und hängen Sie die Schuhe an den Absätzen ein. Sie haben flache Schuhe? Dann verfahren Sie ebenso mit breiten und widerstandsfähigen Gummis, die Sie an der Schrankwand befestigen. Sehen Sie zwei Reihen vor (eine oben, eine unten).

• **Für mehr Stauraum auf einem Regal,** räumen Sie sie entgegengesetzt ein (ein Absatz in Richtung zu Ihnen, ein Absatz Richtung Wand): Somit gewinnen Sie locker Platz für ein Paar mehr.

• **Zur Aufbewahrung Ihrer Ballerinas, Flip-Flops und sonstiger flacher Schuhe verwenden Sie Archivkisten.** Sie sind aus Karton oder Holz, benötigen auf einem Regal wenig Platz und bieten Platz für vier bis fünf Paar.

• **Der Nachteil von Schuhen in einem Schrank** ist der, dass sie verstauben und für unangenehmen Geruch sorgen können. Dann lagern Sie sie in einheitlichen Schachteln, um sie platzsparend stapeln zu können, wie beim Schuhhändler und kleben Sie ein Foto drauf, um sie zu erkennen.

• **Und Stiefel?** Damit sie aufrecht sind, rollen Sie Zeitschriften hinein oder hängen Sie sie mit Stiefelklammern an eine Stange.

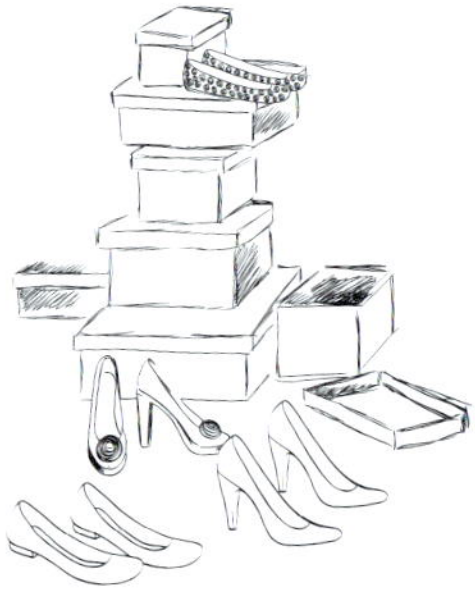

COMPUTER

Der Spiegel des Alltags

Abzugebende Berichte, Referate der Kinder, heruntergeladene Kontoauszüge … Der Computer ist ein zweites Büro. Sogar fast eine Erweiterung des Hauses, wenn man bedenkt, dass dort Bücher, Fotos, Filme und Musik gespeichert werden. Daher muss man ihn mehr denn je organisieren.

Aufräumen

In sein Gerät eintauchen

Den Computer ausmisten ist eine Pflicht, denn sonst erscheint auf dem Bildschirm schnell die Mitteilung „Speicher voll". Natürlich kann man immer Daten auf externen Festplatten speichern, aber auch hier verliert man ohne eine gewisse Ordnung unendlich viel Zeit beim Suchen von Daten. Löschen Sie alle inzwischen nutzlosen Ordner. Leeren Sie den Ordner „Downloads", den Papierkorb, löschen Sie Screenshots, doppelte Dateien (falls Sie Kopien erstellen) usw. Kurz und gut, machen Sie Ihr Gerät leichter, es wird dann schneller werden. In der Tat schlägt Ihnen Windows oder IOS jedes Mal wenn Sie ein Bild aus dem Web speichern, wenn Sie ein neues Dokument erstellen oder eine Datei herunterladen vor, es im Ordner „Meine Dokumente", „Downloads" (für alles, was aus dem Internet kommt) abzuspeichern oder auf den Schreibtisch zu legen. Wenn Sie nicht darauf achten, herrscht auf letzterem bald ein unübersichtliches Chaos.

Filme und Fotos sortieren

Wenn Sie mit den Dokumenten fertig sind, gehen Sie zu den Filmen. Entfernen Sie diejenigen, die Ihnen nicht gefallen haben. Was die Fotos angeht, ist das die langwierigste, aber auch wichtigste Arbeit für viele von uns, denn es sind unsere Erinnerungen. Seien Sie gnadenlos, löschen Sie verschwommene Fotos, Landschaften, die so weit entfernt sind, dass man nicht einmal den Ort erkennt, Porträts, die entstellen. Außerdem ist es nicht notwendig 15 Aufnahmen des Babys aufzubewahren, die innerhalb eins Zeitraums von 2 Sekunden aufgenommen wurden. Nehmen Sie sich den Grundsatz „Je mehr man hat, desto weniger sieht man an“ zu Herzen.

Aufräumen

Seine Ordner sortieren

Erstellen Sie einen Ordner pro Thema: Bank, Strom, Fotos, Filme, usw. Je nach Bedarf können Sie Unterordner erstellen. In dem Order „Bank“ können Sie zum Beispiel den Unterordner „Schriftverkehr“ erstellen. Je genauer Sie sind, desto schneller und leichter finden Sie alles.

Intelligente Bezeichnungen wählen

Dieser Brief an die Bank wird als „doc 4“ angezeigt, geben Sie ihm einen individuellen Namen (mit der Funktion „speichern unter“) durch Schlüsselwörter. Zum Beispiel „2015_Bank_Scheckproblem“. Je genauer Sie sind, desto leichter findet die Suchfunktion das Dokument, wenn Sie es suchen. Verfahren Sie ebenso mit Ihren Fotos und Ihren Filmen.

Die Lieblingsfotos entwickeln lassen

Damit Sie Ihre Fotos nutzen, drucken Sie einige aus oder erstellen Sie Fotobücher. Denn die Digitalisierung ermöglicht zwar, Aufnahmen zu sammeln, ohne auf den Preis achten zu müssen, doch macht man zu viele davon, sieht man sie sich nicht mehr an. Ergebnis: Sie befinden sich in den tiefsten Tiefen der Festplatte.

Sicherheitskopien nicht vergessen

Erstellen Sie aus Sicherheitsgründen eine vollständige Sicherheitskopie auf einer externen Festplatte. Dies verhindert, dass Sie bei einem Absturz oder einem Computerproblem alle Ihre Daten verlieren. Inzwischen gibt es Systeme, die diese Sicherungskopie automatisch erstellen.

UNTERLAGEN UND DOKUMENTE

Der Albtraum des Alltags

Die richtigen Unterlagen aufbewahren ist gut, unter der Bedingung, sie richtig zu archivieren, um sie im Bedarfsfall ohne eine Nervenkrise wieder zu finden.

Aufräumen

Schnell und regelmäßig handeln

- **Schriftverkehr zwischen Werbung, Kontoauszüge usw.**, es ist der Albtraum. Man lässt es laufen und ist schnell überfordert. Lassen Sie Schriftverkehr nicht zu lange liegen (maximal einen Monat). Öffnen Sie Briefe gleich nach Erhalt und werfen Sie Werbung weg. Legen Sie den Rest in eine Mappe mit der Aufschrift „laufende Angelegenheiten" auf dem Schreibtisch ab.
- **Planen Sie eine oder zwei Stunden pro Woche ein,** um sich darum zu kümmern. Im Notfall auch einmal im Monat. Diese Frist sollte nicht überschritten werden, sonst können sich Fehler häufen und Ihnen im Nacken sitzen, wie unbezahlte Rechnungen und Säumnisgebühren.
- **Werfen Sie ohne zu zögern Kopien weg und bevor Sie neuen Schriftverkehr archivieren,** werfen Sie alte Papiere weg und behelfen Sie sich dabei mit der Tabelle über die Aufbewahrungsdauer von Dokumenten (siehe Anlage). Doch Vorsicht, genannten Fristen sind Mindestfristen. Die Rechnung des Schornsteinfegers muss theoretisch ein Jahr lang aufbewahrt werden, aber im Zweifelsfall kann sie vor Gericht zwei Jahre lang verlangt werden. Entscheiden Sie selbst über deren Wichtigkeit.

Hätten Sie es gewusst?

Um Platz zu gewinnen, möchten viele ihre Papiere einscannen. Es ist jedoch sinnlos, damit seine Zeit zu vergeuden, denn selbst eingescannte Dokumente oder Screenshots haben keinerlei juristische Gültigkeit.

Aufräumen

Es leben die Stapel, zum Ordnen von Unterlagen!

- **Stapeln Sie je nach Bereich (Haus, Gesundheit) in Kartonmappen,** die Sie in offene Archivboxen räumen. Damit Sie sie auf den ersten Blick auf Ihrem Regal zu erkennen, ist es ideal, sie nach Farben zu thematisieren und jedes Jahr dieselben Farben zu verwenden. Achten Sie darauf, mit einem Stift den entsprechenden Inhalt zu vermerken. Wenn Sie möchten, können Sie einen großen Ordner verwenden. Suchen Sie selbst das System aus, das Ihnen am besten behagt; wichtig ist, jedes Jahr einen neuen Order anzulegen.
- **Handeln Sie nach der Methode „zuletzt Eingegangenes ganz oben auf dem Stapel“,** so können Sie die Papiere am schnellsten wiederfinden.
- **Sie haben eine Rechnung bezahlt?** Nehmen Sie sich die Zeit und notieren Sie das Zahlungsdatum, bevor Sie sie ablegen. Heften Sie die Belege der EC-Karte an die Rechnung. So haben Sie bei einem Problem alles griffbereit.
- **Denken Sie an die online gespeicherten Dokumente** (Steuern, Versicherungen, Banken). Juristisch gesehen, haben die von Ihren Lieferanten und Verwaltungen online gespeicherten Dokumente dieselbe Gültigkeit wie Papierexemplare
- **Verlassen Sie sich für die Archivierung nicht auf Ihre Bank.** Die Dokumente verschwinden nach einer gewissen Dauer, die kürzer als die gesetzlich verlangte Frist ist. Speichern Sie aus Sicherheitsgründen die Daten auf einem USB-Stick. So finden Sie im Streitfall über eine durchgeführte Aktion (z.B. Rückzahlung eines Kredits) den Auszug auf Ihrem Stick.
- **Alles ist aussortiert, abgelegt,** aufgeräumt? Nun können Sie Ihre Archivkartons hinten in einen Schrank räumen. Das laufende Jahr sowie die beiden vorherigen sollten Sie jedoch griffbereit haben.

4

ANHANG

UNTERLAGEN AUFBEWAHREN

Die Aufbewahrungsfrist für Dokumente und Unterlagen ist je nach Art unterschiedlich.
Es handelt sich um Mindestfristen, während derer es möglich ist, ein Recht gelten zu machen oder eine das Dokument betreffende Zahlung einzufordern.

VERSICHERUNG	Aufbewahrungsdauer	Näheres
Quittungen, Prämienzahlungen, Kündigungen, Bezahlungsnachweise	Datum des Dokuments + 2 Jahre	
Vertrag	Datum des Dokuments + 2 Jahre	
Versicherungsverlauf Fahrzeug	Dauerhaft	
Lebensversicherung	10 Jahre	Diese Frist bezieht sich auf den Versicherungsnehmer, sobald dieser vom Vertrag Kenntnis genommen hat
Körperverletzungen	10 Jahre	

FAHRZEUG	Aufbewahrungsdauer	Näheres
Bußgeld	3 Jahre	Falls die Staatskasse sich innerhalb von 3 Jahren nach Anzeige wegen der Bezahlung nicht gemeldet hat, muss der Autofahrer nicht mehr zahlen
Rechnungen (Kauf, Reparaturen, ...)	Solange man Fahrzeughalter ist	+ 2 Jahre im Falle eines Weiterverkaufs (verdeckter Mangel).
Prüfzertifikat Führerschein	4 Monate	+ bis zum Erhalt des Führerschein.

BANK	Aufbewahrungsdauer	Näheres
Einzulösende Schecks	1 Jahr und 8 Tage	Ist diese Frist verstrichen, kann der Scheck nicht mehr eingereicht werden, die Schuld bleibt jedoch.
Darlehensvertrag (Immobilien und Konsum) und sonstige Nachweise	3 Jahre	Ab der letzten Fälligkeit
Kontoauszüge, Scheckbelege	5 Jahre	Eine betrügerische Nutzung kann innerhalb einer maximalen Frist von 18 Monaten angefochten werden.

FAMILIE	Aufbewahrungsdauer	Näheres
Standesamtliche Urkunden (ganze Kopien und Auszüge)	Dauerhaft	Für einige Vorgänge bedarf es eines neuen standesamtlichen Auszuges
Nachweis über Kindergeldzahlungen	3 Jahre	Rückzahlungsfrist bei zu viel gezahlten Geldern (5 Jahre im Falle von Betrug oder falschen Angaben). Der Leistungsberechtigte kann innerhalb von 2 Jahre wegen der Zahlung seiner Leistungen handeln.
Scheidungsurteil, Adoptionsbescheid	Dauerhaft	Bei Verlust erstellt das Gericht eine Kopie
Bescheid über die Anerkennung eines Kindes	Dauerhaft	Bei der Gemeindeverwaltung kann eine Kopie erstellt werden.
Ehevertrag (Dokumente bezüglich der bei der Eheschließung durch Schenkung oder Vermächtnis eingebrachten oder erworbenen Güter)	Dauerhaft	Bei Verlust des Ehevertrags wenden Sie sich an den Notar, der ihn erstellt hat.
Familienstammbuch	Dauerhaft	Bei Verlust kann auf dem Rathaus eine Abschrift erstellt werden

HAUS/WOHNUNG	Aufbewahrungsdauer	Näheres
Strom- und Gasrechnungen	5 Jahre	Frist zur Anfechtung einer Rechnung. Der Anbieter hat 2 Jahre Zeit, um wegen Zahlungsansprüchen gegen einen Bezieher zu handeln
Wasserrechnungen	5 Jahre	Frist zur Anfechtung einer Rechnung. Um wegen Zahlungsansprüchen gegen einen Bezieher zu handeln, hat der Anbieter: • 4 Jahre (öffentlicher Anbieter), • 2 Jahre (privater Anbieter).

Telefon- und Internetrechnungen (Festnetz und Handy)	1 Jahr	
Nachweis zur Bereitstellung des Materials (Box)	2 Jahre (ab Bereitstellung)	
Rechnungen bezüglich durchgeführter Arbeiten	10 Jahre oder 2 Jahre je nach Art der Arbeiten	Rohbau: 10 Jahre Kleinere Arbeiten (z.B. Fenster): 2 Jahre
Nachweis Schornsteinfegerarbeiten	Dauer der Wohnungsnutzung + 1 Jahr	
Bescheinigung über die jährliche Wartung von Brennkesseln	Dauer der Wohnungsnutzung + 2 Jahre	
Eigentumsurkunde	Dauerhaft	
Nachweis der Zahlung von Kosten des gemeinschaftlichen Eigentums, Schriftverkehr mit dem Verwalter, Protokolle der Eigentümerversammlungen	10 Jahre	
Mietvertrag, Übergabeprotokoll, Mietzahlungen	Dauer des Mietverhältnisses + 3 Jahre	Diese Fristen beziehen sich auf Mietwohnungen als Hauptsitz (leer oder möbliert)
Schriftverkehr zur Mietrevision	Dauer des Mietverhältnisses + 1 Jahr	Diese Fristen beziehen sich auf Mietwohnungen als Hauptsitz (leer oder möbliert)
Inventar der Möbel bei möblierten Mietwohnungen	Dauer des Mietverhältnisses	Bis zur Rückzahlung eventueller Mietkautionen
Fälligkeiten Wohnungsgeld	2 Jahre	

STEUER UND GEBÜHREN	Aufbewahrungsdauer	Näheres
Einkommensteuererklärungen und Einkommensteuerbescheide	3 Jahre	Ab dem Jahr nach der Besteuerung (Beispiel: Einkommensteuererklärung 2009 muss bis Ende 2012 aufbewahrt werden).
Bescheide über lokale Steuern (Grundsteuer, Wohnsteuer	1 Jahr	3 Jahre im Falle von Steuernachlass, Befreiung oder Kürzung.
Gehaltsnachweise, Arbeitsvertrag, Arbeitsbescheinigungen	Bis zur Rente	Der Arbeitnehmer hat 3 Jahre Zeit um eine Gehaltsnachzahlung einzufordern.
Bescheinigungen des Arbeitsamtes	Bis zum Erhalt der Arbeitslosenbeihilfe	Dieses Dokument kann im Falle der Berechnung der Rentenrechte nützlich sein.
Ausgleichsquittung	6 Monate	Ab der Unterzeichnung des Arbeitnehmers (3 Jahre, falls Unterschrift fehlt)
Fälligkeiten Arbeitslosengeld	3 Jahre	Frist für die Rückzahlung von Mehrzahlungen (10 Jahre im Falle von Betrug oder falscher Angaben). Dieses Dokument kann im Falle der Berechnung der Rentenrechte nützlich sein.
Zahlungsbeleg der Altersrente	Dauerhaft	Nützliche Dokumente für die Berechnung der Rechte auf Witwenrente.

GESUNDHEIT	Aufbewahrungsdauer	Näheres
Zusammenfassung der Zahlungen der Krankenkasse	2 Jahre	Frist für die Rückzahlung von Mehrzahlungen (5 Jahre bei Betrug oder falschen Angaben)
Krankenversicherungskarte, Erstattungsantrag	Unterschiedlich je nach Organisation	Siehe die im Vertrag vorgesehenen Fristen
Rezepte	mindestens 1 Jahr	Rezept Brille: 3 Jahre (Personen über 16 Jahre) Rezept Hörgerät: keine Frist
Nachweise über die Zahlungen von Krankentagegeld	Bis zum Renteneintritt	
Impfpass, Blutgruppenausweis, Gesundheitspass	Dauerhaft	Gesundheitspass eines Kindes mindestens bis zur Volljährigkeit aufbewahren
Bescheinigungen, medizinische Untersuchungen, Röntgennachweise	Dauerhaft	Nützliche Dokumente bei einem Rückfall oder der Verschlechterung des Gesundheitszustandes

PAPIERE EINER VERSTORBENEN PERSON

Die Aufbewahrungsfristen der Dokumente gelten auch nach dem Tod, denn einige Unterlagen können zum Nachweis von Schulden oder übertragenen Forderungen an Anspruchsberechtigte im Erbfall dienen.

EINSTUFUNG UND KENNZEICHNUNG VON CHEMIKALIEN

Um das Internationale System der Einstufung und Kennzeichnung* von Chemikalien zu harmonisieren, gibt es seit 1. Juni 2015 eine neue Kennzeichnungspflicht für alle Gemische (und seit Dezember 2010 für alle Stoffe). Jedoch gilt eine Übergangsfrist für die Produkte, die sich bereits auf dem Markt befinden. Das bedeutet, dass bis Mai 2017 alte und neue Kennzeichnung koexistieren.

* Europäische Verordnung Nr. 1272/2008 über die Einstufung, Kennzeichnung und Verpackung.

• **Wozu ist das gut?** Die Einstufung von Chemikalien soll den Verbraucher über die von chemischen Stoffen und Gemischen ausgehenden Gefahren sowie über deren Auswirkungen auf Gesundheit und Umwelt informieren.

ACHTUNG: Beachten Sie bei der Anwendung eines Produkts immer die Gebrauchsanweisung.

DIE GEFAHREN FÜR DIE UMWELT

ALTE KENNZEICHNUNG	NEUE KENNZEICHNUNG	GEFAHRENBEZEICHNUNG	VORSICHTSMASSNAHMEN
		**GEFÄHRLICH FÜR DIE OZONSCHICHT:** Der Stoff zerstört die Ozonschicht	Nicht in der Umwelt entsorgen
		**GEFÄHRLICH FÜR WASSERORGANISMEN:** Das Produkt verschmutzt die Umwelt und hat (kurz- oder langfristig) schädliche Auswirkungen auf Wasserorganismen	Nicht in der Umwelt entsorgen

DIE GEFAHREN FÜR DIE UMWELT

ALTE KENNZEICHNUNG	NEUE KENNZEICHNUNG	GEFAHRENBEZEICHNUNG	VORSICHTSMASSNAHMEN
		**EXPLOSIV:** Das Produkt kann beim Kontakt mit einer Flamme, Funken, statischer Elektrizität, Druck oder Reiben explodieren	Von Hitzequellen und sonstigen Funkenquellen fernhalten
-		**GAS UNTER DRUCK:** Das Produkt kann unter Hitzeeinwirkung (komprimierte Gase, Flüssiggase und flüssigen Kühlmitteln gelöste Gase) explodieren • Es kann Kälteverbrennungen- und verletzungen verursachen (flüssige Kühlmittel)	Vor Sonneneinstrahlung schützen • Hautkontakt vermeiden
		**ENTZÜNDBAR:** Das Produkt kann sich beim Kontakt mit einer Flamme, statischer Elektrizität, unter Hitzeeinwirkung, bei Reibungen, beim Kontakt mit Luft oder Wasser durch das Freiwerden von entzündlichen Gasen entzünden	Von Hitzequellen und sonstigen Funkenquellen fernhalten
		**BRANDFÖRDERND:** Das Produkt kann einen Brand hervorrufen oder verstärken • Es kann unter Vorhandensein entzündlicher Produkte eine Explosion hervorrufen	Von Hitze, Kleidung und sonstigen brennbaren Stoffen fernhalten
		**KORROSIV:** Das Produkt ist ätzend • Es kann Metalle angreifen (verätzen) oder zerstören	Von Hitzequellen und sonstigen Funkenquellen fernhalten

DIE GEFAHREN FÜR DIE UMWELT

ALTE KENNZEICHNUNG	NEUE KENNZEICHNUNG	GEFAHRENBEZEICHNUNG	VORSICHTSMASSNAHMEN
		**GEFÄHRLICHE FÜR DIE GESUNDHEIT:** Wirkt in hoher Dosierung giftig • Kann die Haut, Augen, Atemwege reizen • Kann zu Hautallergien führen • Kann Schläfrigkeit und Benommenheit verursachen	Jeglichen Kontakt mit dem Produkt vermeiden
		**GIFTIG ODER TÖDLICH:** Das Produkt kann schnell zum Tod führen • Ist hochgiftig, auch in geringen Mengen	Schutzausrüstung tragen • Jeglichen Kontakt vermeiden (Mund, Haut, Einatmen) und nach Nutzung sorgfältig die betroffenen Stellen reinigen
		**KORROSIV:** Das Produkt kann zu Hautverbrennungen und Augenverletzungen bei Kontakt oder Spritzern führen	Jeglichen Augen- und Hautkontakt vermeiden, nicht einatmen
		**SEHR GEFÄHRLICH FÜR DIE GESUNDHEIT:** Produkt kann krebserregend sein • Kann die DNA verändern • Kann die Fruchtbarkeit beeinträchtigen oder dem Fötus schaden • Kann die Funktionsweise mancher Organe beeinträchtigen • Kann bei der Einnahme und dem Eindringen in die Atemwege tödlich sein • Kann zu Atemproblemen oder allergischen Atemwegserkrankungen (Asthma) führen	Eine Schutzausrüstung tragen • Vor Verwendung die Anleileitung lesen • Jeden Kontakt mit dem Produkt vermeiden • und nach der Nutzung sorgfältig die entsprechenden Stellen reinigen

NÜTZLICH

Wichtige Hinweise

Mit dem Mobiltelefon

112: Einheitliche Notrufnummer im gesamten europäischen Gebiet, empfohlen im Inland sowie auf Auslandsreisen.

Aus dem Festnetz

112: Notarzt und Feuerwehr erreichen Sie gebührenfrei über die Notrufnummer 112

Österreich

114: Die Notrufnummer für Rettungseinsätze

+431 (0) 406 43 43: Vergiftungsnotruf

Schweiz

144 oder 112: Den Rettungsdienst erreichen Sie über beide Nummern

+41 (0) 44 251 51 51: Vergiftungsnotruf

Giftnotrufzentralen und Toxikovigilanz

Die acht Giftinformationszentren (GIZ) der deutschen Bundesländer sind überwiegend an Universitätskliniken angesiedelt. Sie dienen als toxikologische Informationsdienste (Giftnotrufe) und sind 24 Stunden an 7 Tagen die Woche erreichbar.

DEUTSCHLAND

• Berlin Giftnotruf der Charité (BE, BB)
Tel.: 030/19240, mail@giftnotruf.de

• Göttingen GIZ-Nord der Länder HB, HH, NI, SH
Tel.: 0551/19 240, giznord@giz-nord.de

• Bonn Informationszentrale gegen Vergiftungen (NRW) Tel.: 0228/19240, gizbn@ukb.uni-bonn.de

• Homburg Informations- und Beratungszentrum für Vergiftungsfälle (SL) Tel.: 06841/19240, giftberatung@uniklinikum-saarland.de

• Erfurt GIZ der Länder MV, SN, ST, TH
Tel.: 0361/730 730, ggiz@ggiz-erfurt.de

• Mainz GIZ der Länder RP, HE
Tel.: 06131/19240, mail@giftinfo.uni-mainz.de

• Freiburg Vergiftungs-Informations-Zentrale (BW)
Tel.: 0761/19240, giftinfo@uniklinik-freiburg.de

• München Giftnotruf München (BY)
Tel.: 089/19240, tox@lrz.tu-muenchen.de

ÖSTERREICH

• Wien Vergiftungsinformationszentrale
Tel.: 0043 (0)1/4064343, viz@meduniwien.ac.at

SCHWEIZ

• Zürich Schweizerisches Toxikologosches Informationszentrum Tel.: 0041 (0)44/2515151, info@toxi.ch

(Stand: Oktober 2015)

Hier erfahren Sie mehr:
Bundesamt für Verbraucherschutz und Lebensmittelsicherheit, http://www.bvl.bund.de/DE/Home/homepage_node.html

SACHREGISTER

Ratschläge und Tipps zum Aussortieren, Ausräumen und Aufbewahren

Zuhause aussortieren, aufräumen, aufbewahren

Aussortieren - Zimmer für Zimmer

Zimmer für Zimmer aufräumen

NÜTZLICH

Mein Aufräumprogramm

Danksagungen

Vielen Dank an Françoise, die immer da war und als Erster alles las.
Danke an meine Eltern, die uns das Basteln und Aufräumen beigebracht haben und uns lehrten, stets einfallsreich zu sein und immer einen Plan B zu finden.
Danke an meine Schwester … Man muss sich ja schließlich immer unterstützen!
Danke an Amélie, Gaspard und Jérôme.

Bildnachweise

fotolia/acnaleksy ; fotolia/Amili ; fotolia/asmakar ; fotolia/canicula ; fotolia/digiselector ; fotolia/J_ka ; fotolia/kamenuka ; fotolia/kharlamova_lv ; fotolia/macrovector ; fotolia/milavas ; fotolia/Perysty ; fotolia/pilipa ; fotolia/pim ; fotolia/raven ; fotolia/tsaplia ; fotolia/victoria_novak ; Sylvain Kaslin.

Die französische Originalausgabe erschien unter dem Titel Ranger, classer, conserver chez soi

Direktor der Edition: Thierry Lamarre
Edition: Adeline Lobut
Texte: Isabelle Louet
Korrektorat: Isabelle Misery
Lektorat: Either Studio (Laurie Montaz)
Konzeption, Grafik und Satz: Either Studio

Deutsche Ausgabe
Produktmanagement: Mariel Marohn, Lara Schaufler
Übersetzung: Andrea Wurth, Neuried
Lektorat: Melissa Brosig, Bonn
Satz: Susanne Dornes, Stuttgart
Druck und Bindung: GPS Group GmbH, Österreich

ISBN 978-3-7724-7642-6
Best.-Nr. 7642